MEDITACIÓN

Una guía perfecta para conseguir paz interior y felicidad

(Técnicas sencillas de relajación)

Pirro Sosa

Publicado Por Daniel Heath

© **Pirro Sosa**

Todos los derechos reservados

Meditación: Una guía perfecta para conseguir paz interior y felicidad (Técnicas sencillas de relajación)

ISBN 978-1-989853-72-6

Este documento está orientado a proporcionar información exacta y confiable con respecto al tema y asunto que trata. La publicación se vende con la idea de que el editor no esté obligado a prestar contabilidad, permitida oficialmente, u otros servicios cualificados. Si se necesita asesoramiento, legal o profesional, debería solicitar a una persona con experiencia en la profesión.

Desde una Declaración de Principios aceptada y aprobada tanto por un comité de la American Bar Association (el Colegio de Abogados de Estados Unidos) como por un comité de editores y asociaciones.

No se permite la reproducción, duplicado o transmisión de cualquier parte de este documento en cualquier medio electrónico o formato impreso. Se prohíbe de forma estricta la grabación de esta publicación así como tampoco se permite cualquier almacenamiento de este documento sin permiso escrito del editor. Todos los derechos reservados.

Se establece que la información que contiene este documento es veraz y coherente, ya que cualquier responsabilidad, en términos de falta de atención o de otro tipo, por el uso o abuso de cualquier política, proceso o dirección contenida en este documento será responsabilidad exclusiva y absoluta del lector receptor. Bajo ninguna circunstancia se hará responsable o culpable de forma legal al editor por cualquier reparación, daños o pérdida monetaria debido a la información aquí contenida, ya sea de forma directa o indirectamente.

Los respectivos autores son propietarios de todos los derechos de autor que no están en posesión del editor.

La información aquí contenida se ofrece únicamente con fines informativos y, como tal, es universal. La presentación de la información se realiza sin contrato ni ningún tipo de garantía.

Las marcas registradas utilizadas son sin ningún tipo de consentimiento y la publicación de la marca registrada es sin el permiso o respaldo del propietario de esta. Todas las marcas registradas y demás marcas incluidas en este libro son solo para fines de aclaración y son propiedad de los mismos propietarios, no están afiliadas a este documento.

TABLA DE CONTENIDO

Parte 1 1

Introducción 2

Capítulo 1: ¿Por Qué Debes Empezar A Meditar Ahora? 4

Capítulo 2: Cómo Meditar. Conceptos Básicos- Descripción General Y Dónde Comenzar 14

Capítulo 3: ¿Cuál Es El Significado De La Atención Plena Y Cómo Puedes Beneficiarte De Ella?..................................... 25

Capítulo 4: Estrategias De Meditación Para Principiantes.. 31

Capítulo 5: Estrategias De Meditación Para El Intermedio. 36

Capítulo 6: Estrategias Para El Maestro De La Meditación. 45

Capítulo 7: Técnicas Para Simplificar Tu Vida Y Estar Más Satisfechos... 55

Capítulo 8: Cómo Aumentar La Espiritualidad A Través De La Meditación Y La Atención Plena Para Estar Cerca De Tu Creador 59

Capítulo 9: Consejos Para Calmar La Mente Y Disfrutar De Vivir En El Presente... 62

Capítulo 10: Consejos Para Aumentar La Positividad Y La Perspectiva General Emocional Y Espiritual De La Vida 66

Conclusión 70

Parte 2 72

Introducción 73

¿Qué Es La Meditación? 76

TOMAR DECISIONES 79
¿POR QUÉ MEDITAR? 80
CONCIENCIA 82

¿Cómo Funciona La Meditación? 84

ELASTICIDAD CEREBRAL 85
OTROS EFECTOS FÍSICOS 87
BENEFICIOS PROBADOS 87

¿Quién Se Puede Beneficiar De La Meditación? 88

ANSIEDAD 89
ESTRÉS CRÓNICO 89
PENSAMIENTO CREATIVO 90
LUCHAR CONTRA ADICCIONES 90
DÉFICIT DE ATENCIÓN 90
DEPRESIÓN 91
ENCUENTRA EL MOMENTO 92
ESCOGE UN ESPACIO 93
PREPÁRATE 95
RESPIRACIÓN 96
EXPLORACIÓN CORPORAL 98
VISUALIZACIÓN 100
CONCENTRACIÓN DE OBJETO 101
MEDITACIÓN CON MANTRA 102
MEDITACIÓN DE AFIRMACIÓN 103
LOS PRIMEROS TRES BOCADOS 107
EL CAFÉ 108
LUZ DE ALTO 109

Practicando Más 109

Meditaciones Guiadas 112

GUÍAS ELECTRÓNICAS 113
MÚSICA 114
GRUPOS DE MEDITACIÓN 115
RETIROS 116

Conclusión 117

Parte 1

Introducción

Quiero agradecerte y felicitarte por comprar el libro.

Este libro contiene pasos probados y estrategias sobre cómo practicar la meditación para vivir en el momento presente y estar más satisfecho en la vida. Este libro te ayudará a obtener los beneficios de la meditación, a vivir una vida más simple pero más feliz, ya adquirir una perspectiva positiva de la vida. Este libro te ayudará a comprender los beneficios de la meditación y cómo puedes usarla para mejorar tu calidad de vida.

Si sientes que estás viviendo día tras día sin un sentido de propósito, si sientes que tu vida carece de dirección. Si te sientes estresado, enfermo y cansado de todas las presiones y exigencias de la vida, esto es para ti.

Este libro te ayudará a aprender las antiguas técnicas de meditación que te permitirán aquietar tu mente y descubrir las cosas más importantes de la vida. Este libro te ayudará a vivir una vida mejor, más brillante y más positiva.

Gracias de nuevo por comprar este libro, ¡espero que lo disfrutes!

Capítulo 1: ¿Por qué debes empezar a meditar AHORA?

La meditación es muy popular hoy en día. De hecho, se ha convertido en una palabra de moda en la comunidad de la "nueva era". Muchas personas se están subiendo al carro de la meditación y el yoga porque estas prácticas se han presentado con frecuencia en muchas revistas, sitios web y programas de entrevistas populares como Oprah. Muchas celebridades como Jennifer Aniston, Paula Abdul, Kristen Bell, SherylCrow, JimCarrey, Ellen DeGeneres, MiaFarrow, Jane Fonda, HughJackman, Nicole Kidman, Naomi Watts, Miranda Kerr y Madonna practican la meditación con regularidad.

La meditación es popular debido a su capacidad para relajar y calmar la mente. En esta era en la que todos estamos ocupados y cansados, necesitamos algo que nos ayude a estar con los pies en la tierra. Necesitamos algo que nos proteja de todo el estrés, la ansiedad y las presiones.

Estas son las razones más convincentes por las que debes comenzar a meditar ahora:

1. Concentración mejorada -El estrés, las presiones y el envejecimiento a menudo causan que tu mente se deteriore. Debido a estos factores, a menudo tendrás problemas con la cognición y otras funciones cerebrales

que te dificultarán concentrarte y enfocarte. La meditación es una práctica mental o una forma de entrenamiento mental que mejorará tu concentración y atención. Si meditas regularmente, será más fácil para ti estudiar, escribir o concentrarte en una tarea muy importante. Cuando meditas con regularidad, no te distraerás fácilmente con Internet o las redes sociales.

2. Función mejorada del sistema inmunológico - Debido a que la meditación es una técnica de relajación, ayuda a fortalecer el sistema inmunológico. La meditación mejora la resistencia del cuerpo a varias enfermedades y ayuda a combatir las

células y los virus del cáncer. Si notaste que tu salud se ha deteriorado y que ahora eres más propenso a la gripe y la fiebre, entonces es hora de comenzar a meditar antes de que sea demasiado tarde.

3. Mayor fertilidad -Los estudios muestran que las mujeres que meditan a menudo son más fértiles que las que no lo hacen. Un estudio también muestra que los hombres que meditan a menudo tienen un mayor conteo de espermatozoides.

4. La meditación reduce la presión arterial -Un estudio realizado en la Escuela de Medicina de Harvard muestra que los practicantes regulares de meditación tienen una presión arterial más baja.

Cuando su presión arterial es más baja, es menos probable que su cuerpo reaccione a las hormonas del estrés.

5. La meditación alivia el estrés y la ansiedad -Se sabe que la meditación reduce el estrés y la ansiedad. Si estás constantemente expuesto a tareas, relaciones y circunstancias estresantes, entonces es mejor meditar con regularidad.

6. Tranquilidad - La meditación calma los nervios y ayuda a los practicantes a estar más relajados. La meditación te ayuda a mantener la calma incluso cuando te enfrentas a situaciones y circunstancias estresantes.

7. Estabilidad emocional -La meditación

ayuda a los practicantes a estar más conectados a la tierra y en control de sus emociones. Las emociones a veces son erráticas. Las emociones pueden atraparte y hacerte sentir como si estuvieras en una montaña rusa donde experimentas giros y vueltas frecuentes, subidas y bajadas. La meditación puede ayudarte a despejar tu mente de toda la negatividad. Puede ayudarte a lidiar con el equipaje emocional. También puede ayudarte a ganar claridad y tranquilidad.

8. Aumento de la creatividad -Algunas formas de meditación, como las que tienen como objetivo despertar la energía de Kundalini, pueden aumentar la creatividad. Las personas que

practican técnicas avanzadas de meditación a menudo experimentan un flujo espontáneo de ideas creativas. Los practicantes regulares de meditación se vuelven más imaginativos y artísticos. Steve Jobs, que era un practicante de meditación, acredita su práctica espiritual por su creatividad renovada cuando fundó Pixar.

9. La meditación disminuye la susceptibilidad a los críticos -Las personas que meditan regularmente son menos vulnerables a los críticos y detractores. Es menos probable que tomen las cosas personalmente. La meditación también permite a los practicantes acallar a su crítico interno y aceptarse más a sí mismos.

10. La meditación ayuda a tu verdadero norte -Si ya estás en tus primeros treinta o cuarenta años, pero aún no has descubierto qué hacer, entonces es hora de meditar. La meditación te ayuda a ponerte en contacto con tu verdadero propósito. La meditación te ayuda a estar más en contacto con lo que realmente quieres de la vida.

11. La meditación mejora la intuición -La meditación te brinda claridad y esto fortalece tu intuición, tú guía interior. La meditación te ayuda a entenderte mejor a ti mismo. La meditación hace que tu alma y espíritu estén en sintonía con lo divino y el de otras personas. Tendrás algunos destellos de percepción y mayor conocimiento.

Sería más fácil para ti tomar las decisiones correctas y determinar la verdadera naturaleza de las personas, a pesar de las máscaras que usan.

12. La meditación te acerca a lo divino -La oración es en realidad una forma de meditación. Se sabe que la meditación te acerca al poder divino. Te ayuda a conectarte con la Energía Superior y te acerca a Dios.

13. La meditación cultiva la compasión - La meditación te ayuda a estar más conectado y empático con los demás. Como resultado, serás más compasivo y comprensivo con los demás. Esto, a su vez, te ayudará a construir relaciones más sólidas y profundas con las personas que te rodean.

Si has estado estresado, cansado, enfermo y sientes que tu vida no está llegando a ninguna parte, se recomienda comenzar a meditar ahora. La meditación tiene muchos beneficios para la salud, emocionales y mentales que ayudarán a que tu vida sea mejor, más feliz y más satisfactoria.

Capítulo 2: Cómo meditar. Conceptos básicos- descripción general y dónde comenzar

Como se discutió en los capítulos anteriores, tú obtendrás muchos beneficios de la meditación. Sin embargo, antes de comenzar con la meditación, ¿qué deseas obtener de tu práctica de meditación? ¿Quieres estar más relajado y tranquilo? ¿Quieres lograr claridad y mejorar tu intuición? ¿Quieres ser más agudo y concentrado mentalmente? ¿Quieres ser más consciente de tus acciones y tus pensamientos? ¿Quieres curar las heridas emocionales y el peso que llevas durante años?

Para obtener lo mejor de tu práctica de

meditación, debes tener claro qué quieres obtener de ella para poder practicar la mejor técnica de meditación que te permita alcanzar tu objetivo.

Diferentes tipos de meditación

1. Meditación con atención plena: este es uno de los tipos más populares de meditación. Es una práctica de meditación occidental que no es sectaria. La meditación de atención plena tiene como objetivo hacer que los practicantes estén más presentes en el momento.

2. Meditación del mantra: la meditación del mantra se basa en la antigua

tradición védica. Este tipo de meditación permite a los practicantes enfocarse en un mantra.

3. Meditación Kundalini: este tipo de meditación tiene como objetivo despertar la energía Kundalini que permite a los practicantes adquirir mayor comprensión, mayor intuición, poderes curativos y habilidades psíquicas.

4. Meditación del ritmo cardíaco: este tipo de meditación se centra en el chakra del corazón y ayuda a los practicantes a ser más compasivos. Este tipo de meditación también te ayuda a liberar tu tristeza y tus miedos.

5. Meditación reflexiva: este tipo de meditación tiene como objetivo encontrar respuestas a preguntas más importantes en la vida, tales como "¿Cuál es mi propósito?", "¿Quién soy yo?" Y "¿Cómo puedo ayudar a los demás?"

6. Meditación creativa: la meditación creativa también se conoce como visualización. El objetivo de este tipo de meditación es atraer la sincronicidad para ayudarte a alcanzar tus metas y deseos en la vida. Este tipo de visualización también mejora tu sentido de gratitud, humildad, coraje y gentileza.

7. Meditación de chakra: este tipo de meditación tiene como objetivo abrir los diversos chakras o puntos de energía.

<u>Pasos para empezar</u>

Ahora que ya conoces los diferentes tipos de meditación, es hora de comenzar. Estos son los pasos que debes seguir para iniciar tu práctica de meditación:

- Tienes que elegir un espacio de meditación donde no te molesten ni distraigan. Tienes que elegir un lugar tranquilo en tu habitación o en tu jardín donde puedas meditar. Debe asegurarse de elegir un lugar cómodo que tenga la humedad y la temperatura adecuada.

- Tienes que usar ropa muy cómoda antes de practicar la meditación. Asegúrate de usar ropa suelta y hecha de tela fresca. Si usas ropa ajustada, te sentirás incómodo y te distraerás de tu práctica de meditación.

- Debes evitar comer justo antes de comenzar una sesión de meditación. Sin embargo, asegúrate de que no tengas hambre tampoco. El hambre y la plenitud te harán sentir incómodo y pueden distraerte de tu práctica. Aunque es importante estar hidratado.

- Siéntate en una silla o cojín, lo que te haga sentir más cómodo.

- Tienes que estar relajado cuando estás meditando. Tienes que sentarte en posición vertical. Tienes que asegurarte de que tu columna esté recta. Tienes que mantener los hombros hacia atrás y mantener el pecho abierto. También ayuda el estar tranquilo cuando meditas. Mientras que la meditación te relaja y te calma, es difícil meditar cuando estás preocupado por diferentes tipos de problemas y tareas. Antes de meditar, es mejor hacer algo que sea relajante. Puedes caminar un poco por el parque, estirarte, leer un buen libro, ver una película divertida o bañarte.

- Puedes meditar con los ojos cerrados o abiertos. Si recién comienzas a meditar, no es necesario seguir posturas y estructuras rígidas. La clave es hacer algo que te resulte cómodo. Cambia las posturas de vez en cuando si sientes incomodidad.

- Respira profundamente. Asegúrate de que tus respiraciones sean rítmicas y profundas, ya que esto establecerá el patrón para tu práctica de meditación. Recuerda enfocarte en tu respiración.

- Escuchamúsica relajante. Puedes descargar en línea una gran cantidad de música hermosa de meditación que puedes usar durante tu práctica.

- Establece un horario de meditación. Tienes que fijar un tiempo regular para meditar. No confíes en el "tiempo libre", tienes que comprometerte a practicar la meditación todos los días. Cuando aún estás empezando a meditar, es mejor hacerlo durante 5 a 10 minutos. Puedes aumentar la cantidad de tiempo a medida que avanza.

- Tienes que ser paciente y tienes que darte un tiempo. La meditación puede ser desafiante al principio, así que tienes que ser paciente y determinado.

- Tienes que hacer de la meditación una práctica regular. No puedes obtener los beneficios de la meditación practicándola una o dos veces. Tienes que hacer de la meditación una parte diaria de tu vida.

Cuando elijas la práctica de meditación correcta que se adapte a ti y tus necesidades, obtendrás sus beneficios óptimos. Para comenzar a meditar, debes tomar la decisión de meditar y comprometerte por completo. La meditación no es una actividad que puedes hacer solo una o dos veces. La meditación debe ser parte de tu estilo de vida y de tu vida en general. Es un proceso continuo de relajación, autodescubrimiento y unión con lo Divino.

Capítulo 3: ¿Cuál es el significado de la atención plena y cómo puedes beneficiarte de ella?

La meditación está presente en el momento. Esta básicamente llevando tu atención desde la experiencia presente hacia un momento dado básico. Cuando estás atento, estás experimentando de manera consiente cada sensación, vista y olfato. Cuando estás atento, conscientemente estás dirigiendo tu conciencia hacia el presente. Cuando estás atento, estás prestando atención conscientemente a la experiencia real de lo que sea que estés haciendo.

Para ilustrar este concepto, tomemos como ejemplo una actividad muy trivial, como comer. Cuando practicas una alimentación consciente, no solo eres consciente de lo que estás comiendo. Cuando estás atento a lo que estás comiendo, prestas atención a la experiencia real. Prestas atención a las sensaciones que estás sintiendo. Cuando te das cuenta de que tu mente se distrae mientras comes, intencionalmente vuelve a centrar tu atención en los alimentos que masticas y las sensaciones que sientes mientras comes.

Pero ¿Por qué practicar la atención plena? ¿Cuáles son los beneficios que puedes obtener de la meditación de atención plena?

1. La atención plena mejora tu bienestar general: las personas que son más

conscientes y están más contentas y satisfechas con la vida es porquese toman el tiempo para darse cuenta de cada pequeño detalle. Si eres consciente, saboreas y disfrutas cada momento y, como resultado, te vuelves más contento, agradecido y, en general, más feliz. La atención plena también mejora tu capacidad para enfrentar los eventos adversos y desafiantes que se te pueden presentar.

2. La atención plena mejora tu salud mental: cuando estás atento, tienes más control de tu mente. Practicar la meditación consciente puede ayudarte a controlar tus pensamientos y reclamar poder sobre tu mente.

Cuando practicas la atención plena, es fácil para ti detectar los pensamientos negativos y reemplazarlos por otros positivos. Cuando estás atento, estás menos preocupado y afectado por tus errores pasados. Muchos estudios muestran que la atención plena ayuda a aliviar el abuso de sustancias, los trastornos de ansiedad y los trastornos alimentarios.

3. La atención plena mejora tu salud física: la atención alivia el estrés y te ayuda a relajarte. Como resultado, tu salud general mejorará. Tu presión arterial será más baja, la calidad y la duración de tu sueño mejorarán y también ayudará a aliviar los problemas

gastrointestinales.

4. La atención plena mejora las relaciones: se sabe que la atención plena mejora las relaciones porque disminuye la volatilidad emocional. Cuando estás atento, eres menos crítico con los demás y más tolerante con tus errores. También cultiva la compasión.

5. La atención plena te ayuda a estar más conectado contigo mismo y con tu entorno. Cuando practicas la meditación consciente, estás más en contacto con tus sentimientos y pensamientos y, como resultado, llegas a conocerte un poco más. Te vuelves más íntimo contigo mismo.

La meditación de atención plena se utiliza a menudo en terapias conductuales y psicoterapias. Es una forma científicamente comprobada de mejorar la vida de uno. Cuando estás atento, no solo flotas o te deslizas por la vida. Estás experimentando cada momento, y te das cuenta y notas que la vida es realmente hermosa.

Capítulo 4: Estrategias de Meditación para Principiantes

Si recién estás comenzando a meditar, es recomendable hacer primero la meditación de atención plena. La meditación de atención plena es una de las técnicas de meditación más simples y practicadas.

Para comenzar a meditar, recuerda los pasos que hemos discutido en el Capítulo 1. Asegúrate de no estar lleno o con hambre cuando esté meditando. Asegúrate de estar bien hidratado y de llevar ropa cómoda.

1. Técnica básica de atención plena - Siéntate en una silla o cojín. Respira

hondo y concéntrate en tu respiración. Se consciente y concéntrate en tu respiración, si tu mente comienza a divagar y comienzas a pensar en el trabajo, la comida, tus relaciones o cualquier otra cosa, dirige suavemente tu mente hacia tu respiración. No te juzgues a ti mismo. Solo reconoce el pensamiento, déjalo ir y vuelve a concentrarte en tu respiración.

2. Técnica de atención plena para aumentar y ser consciente de las sensaciones corporales: una de las formas de practicar la meditación consciente es sentarse en una silla y respirar profundamente. Observa todas las sensaciones que sientes a partir de

ese momento. Observa el hormigueo de tus dedos de los pies o la tensión que sientes con los dedos. Tómate el tiempo para notar todas las sensaciones corporales que sientes desde la cabeza hasta los dedos de los pies. Fíjate en todos los sonidos, imágenes, olores y gustos. Etiquétalos y déjalos ir sin ningún juicio. Haz esto durante al menos cinco minutos al día. Puede ser un poco difícil al principio, pero una vez que aprendas a dominar tu mente, la atención plena será tu segunda naturaleza.

3. Técnica de meditación del corazón de la rosa: esta es una técnica de meditación de concentración básica que

practicaron los antiguos budistas. Para practicar esto, necesitas una rosa o cualquier flor. Siéntate en una silla cómoda y respira profundamente. Mira el centro o el corazón de la rosa. Enfoca tu atención en la flor, observa su color, textura, curvas y pétalos. Si tu mente comienza a divagar, etiqueta tus pensamientos y centra tu atención en la flor. Puedes hacer esto durante 5 minutos diarios durante la primera semana y luego aumentar su tiempo de meditación a 10 minutos diarios en la segunda semana. Esta técnica te ayudará a domar y controlar tu mente. Esta técnica te ayudará a estar más presente y consciente de tus pensamientos y acciones. Esta técnica hará que sea más fácil para ti reemplazar los pensamientos negativos con los positivos en el día a día.

Es mejor programar una alarma para que no tengas que mirar tu reloj de vez en cuando. También es genial meditar con un maestro o un ser querido. De esta manera, será más fácil para ti cumplir con tu compromiso de meditar regularmente.

Capítulo 5: Estrategias de meditación para el intermedio.

Por lo general, a los principiantes se les enseña a enfocarse y ser conscientes durante un corto período de tiempo, por ejemplo, de cinco a diez minutos. Los principiantes son introducidos a la atención plena y al control mental. Los practicantes intermedios, por otro lado, pueden practicar la concentración, el mantra y la meditación creativa durante períodos de tiempo más largos, por ejemplo, de veinte a treinta minutos. Puede parecer fácil, pero mantenerse enfocado en una sola cosa, frase o cierto aspecto de tu vida durante veinte o treinta minutos es bastante difícil. Esta es la razón por la que solo se aconseja a los practicantes intermedios practicar durante un período de tiempo más prolongado. Estas son algunas de las estrategias y técnicas de meditación que los practicantes intermedios pueden usar:

1. Práctica de atención plena para ser más consciente de tus emociones: otra técnica de meditación de atención plena que puedes practicar es prestar atención a todas las emociones que estás sintiendo en este momento. Esta es una técnica intermedia de atención plena. Para practicar esto, necesitas encontrar un rincón cómodo donde puedas meditar. Siéntate en una silla o en un cojín. Tómate tiempo para darte

cuenta de tus emociones. Etiqueta las emociones como "alegría", "tristeza", "ira" o "decepción". Recuerda etiquetarlas sin juzgar. No te juzgues por sentirte triste, enojado o decepcionado. Simplemente reconoce todos esos sentimientos y luego déjalo ir. Practica esto durante unos cinco minutos al día. Puedes practicar esta técnica si tus emociones son volátiles. Esta técnica te ayudará a controlar tus sentimientos y emociones. Te ayudará a estar más desapegado de tus emociones y sentimientos. Puedes practicar esto por 15 a 20 minutos diarios.

2. Técnica de Meditación de Control de

Antojos: esta técnica es para practicantes intermedios que han desarrollado suficiente autoconciencia y control sobre sus pensamientos. Esta técnica se usa con frecuencia en centros de rehabilitación o en grupos de apoyo a la adicción, como Alcohólicos Anónimos. Para hacer esto, necesitas sentarte en una silla cómoda y tomar conciencia de tus impulsos. ¿Tienes ganas de comer en exceso? ¿Tienes ganas de tomar bebidas alcohólicas? ¿Tienes ganas de tomar sustancias nocivas e ilegales? A medida que te vuelvas más consciente de los impulsos, etiquétalos y déjalos ir sin juicio. Reemplaza la necesidad o el deseo con el deseo de que desaparezca. Cada vez que surja un impulso dañino, reemplázalo con una afirmación de que el impulso disminuirá. Esta es una técnica muy poderosa que pueden usar las personas que luchan contra las adicciones al abuso de alcohol y sustancias. Esta técnica también es útil para aquellos que desean fortalecer su fuerza de voluntad y aumentar su susceptibilidad a las distracciones. Puedes practicar esto por 15 a 20 minutos diarios.

3. Imágenes guiadas: esta técnica de meditación también se denomina visualización guiada y los practicantes de yoga la practican con frecuencia después de realizar las asanas o el

componente físico del yoga. En las imágenes guiadas, normalmente practicas bajo la supervisión de un profesor de meditación o yoga que te indicará que visualices imágenes relajadas, como una luz blanca, una playa o un bosque. Las imágenes guiadas se basan en un concepto psicológico popular de que la mente y el cuerpo están profundamente conectados. Se basa en el hecho de que todo lo que imaginas es percibido por tu cuerpo como real. Una de las técnicas de visualización más básicas que utilizan los psicólogos y los médicos para ilustrar este punto es imaginar una naranja en detalle: su color, textura, piel y olor. Los médicos te pedirán que huelas y pruebes la naranja en tu mente. Si haces esto, notarás que sentirás la sensación de hormigueo exacto que sentirás al comer una naranja real. Esta es una evidencia concreta de que tu cuerpo percibe algo que se imagina como real. Las imágenes guiadas se utilizan principalmente para aliviar el estrés y relajar el cuerpo. Esta técnica de meditación también es utilizada por muchos practicantes de la ley de atracción.

4. Meditación Mantra - Hay muchos tipos de meditación mantra. Uno de los tipos más populares es la Meditación Trascendental, practicada por muchas

celebridades y empresarios exitosos. Para practicar esta técnica, siéntate en una silla cómoda o en un cojín. Cierra los ojos y respira hondo. Enfócate en tu respiración inicialmente y luego comienza a cantar un mantra en tu mente. Podrías repetir la palabra "amor" o "paz". Muchos practicantes de meditación intermedios cantan las palabras en sánscrito "Baba NamKevalam" que significa "El amor es todo lo que hay". Al hacer esta técnica, debes concentrarte únicamente en el mantra. Si tu mente comienza a divagar y empiezas a pensar en cosas triviales, vuelve a centrarte en tu mantra. Cuando estés por terminar la sesión, di una pequeña oración de gratitud. Los practicantes de meditación intermedia pueden practicar esto por 20 minutos dos veces al día.

Estas técnicas generalmente son seguras y los estudios muestran que estas técnicas no tienen ningún efecto psicológico, mental o físico. Pueden practicarse en tu casa, en un estudio de yoga, en la playa o en su jardín.

Capítulo 6: Estrategias para el maestro de la meditación.

Mientras que las técnicas de meditación más básicas e intermedias se centran en relajar el cuerpo, calmar la mente y aumentar la autoconciencia, las técnicas avanzadas de meditación tienen como objetivo alcanzar la alegría, la paz, las capacidades psíquicas y de curación, y la unidad con lo Divino.

Estas técnicas las practican generalmente los maestros de la meditación, como los monjes, los místicos espirituales y los practicantes de meditación experimentados. Estos maestros de meditación pueden concentrarse y enfocarse en una cosa durante horas. Algunos maestros de la meditación, incluso adquieren habilidades psíquicas y sobrehumanas hasta el punto de que levitan. Los maestros de meditación a menudo practican la meditación durante al menos cuatro horas al día.

Recuerda que antes de practicar cualquier técnica de meditación avanzada, debes limpiar tu cuerpo de la energía mala y negativa. Una forma de hacer esto es realizar asanas o posturas de yoga. También puede hacer ejercicios básicos como estiramientos, sentadillas, taichi o aeróbicos ligeros.

Aquí hay algunas estrategias y técnicas avanzadas de meditación:

1. Meditación Kundalini: la meditación

Kundalini tiene como objetivo despertar la Kundalinienergia, que se encuentra en la base de la columna vertebral. Kundalini es la última fuente de creatividad. Una vez que despiertes el Kundalini, te volverás más creativo y productivo y es más probable que comiencestu viaje hacia la auto actualización. La meditación Kundalini puede ser peligrosa si no se practica correctamente. Siempre es mejor practicar la meditación Kundalini con un maestro o un compañero. Para realizar la meditación Kundalini, necesitas sentarte cómodamente en una posición de loto o de medio loto, asegúrate de que tu espalda esté en posición vertical. Cierra los ojos y canta el mantra "OngNamoGuruDevNamo" tres veces. Este mantra significa "Prometo a lo Divino dentro de mí". Después de cantar, respira profundamente y concéntrate en tu respiración. Ahora, imagina respirar desde tu columna vertebral y mientras respiras, imagina que una energía desde la columna vertebral se eleva hasta que sube a tu cabeza. Continúa haciendo esto durante 15 a 20 minutos. Si tu cabeza se siente pesada, significa que tu energía kundalini ya está despierta. Después de treinta minutos, reza una breve oración de gratitud.

2. Meditación de la risa: la meditación de la risa es una de las técnicas de

meditación avanzada más fáciles, sin embargo, necesitarás tener una concentración fuerte y habilidades de control mental para poder hacer esto. No es fácil reírse sin ninguna provocación. Este tipo de meditación se suele utilizar para curar la ansiedad y el estrés. Incluso se utiliza para curar la depresión. Antes de comenzar con la meditación de la risa, necesitas estirarte. Juntatus manos y elevatus brazos por encima de su cabeza. Afloja tus músculos faciales haciendo algunos ejercicios faciales. Cuando estés listo, siéntate y sonríe. Amplía tu sonrisa y empieza a reír. No pienses en nada gracioso, solo ríete sin provocación. Tienes que profundizar tu risa y asegurarte de que provenga de tu vientre. Se consciente de tu risa y simplemente disfruta el momento. Puedes hacer esto por 10 minutos. Entonces, deja de reír y cierra los ojos. Enfócate en tus sensaciones. ¿Cómo te sientes? Vacía tus pensamientos y solo piensa en tus emociones y tus sentimientos. Deja ir todos los juicios. Continúa intensificando tus sentidos y experimenta cada respiración, cada movimiento de tu dedo, siente el viento contra tu piel y huele la fragancia de tu habitación. Haz esto durante 10 a 15 minutos. Practica la meditación de la risa diariamente durante treinta días y verás mejoras significativas en tus emociones, sentimientos y tu vida en general.

3. Técnica de meditación del sello del corazón: esta técnica te permite estar en unión con tu yo cristalizado. Cuando cristalizas tu Ser, separas tu ego de tu Ser y abres el centro de tu corazón. Cuando te cristalizas en tu Ser, te vuelves uno con el Divino que vive dentro de ti. Para practicar la meditación del sello del corazón, necesitas sentarte en una posición de loto o mitad de loto. Cierra los ojos y cambia tu atención a ese espacio entre tus cejas. Cruzatus manos sobre el corazón que se encuentra en el centro de tu pecho. Siente suavemente el latido de tu corazón. Haz una lista de tu

pecho y canta "Humee HumBrahmHum" en voz alta y de manera rítmica. Concéntrate en el momento y elimina los pensamientos que entran en tu mente. Esta práctica tiene como objetivo vaciar tu mente y volverte uno con lo Divino dentro de ti. Haz esto durante treinta minutos o, si puedes, incluso durante una hora. Antes de terminar la sesión, di una pequeña oración de gratitud. Bendícete a ti mismo, a tus seres queridos, a tus amigos e incluso a tus enemigos. Practica esto a diario para lograr la alegría, practica la compasión y logra una comprensión superior. Como la técnica de meditación más avanzada, debes realizar ejercicios físicos antes de comenzar cada sesión de meditación.

Las técnicas avanzadas de meditación apuntan a mejorar tu concentración y lograr una mayor conciencia. La meditación avanzada puede ayudarte a mejorar tus relaciones y lograr la satisfacción y la felicidad. La mayoría de los practicantes de meditación experimentados ya han alcanzado una conciencia superior y han logrado la supremacía y el control sobre sus mentes. Tienen una fuerza mental superior y algunos incluso pueden leer las mentes y perfilar a las personas con solo una mirada. Más importante aún, los practicantes de meditación avanzada y los místicos alcanzan el estado de felicidad donde podrían ser felices, incluso sin razón aparente.

Capítulo 7: Técnicas para simplificar tu vida y estar más satisfechos

Cuando practicas meditación, a menudo, tu mente queda libre de desorden y tu vida se vuelve más simple y menos complicada. Estas son algunas de las otras formas de ser más completo:

1. Elimina todo el desorden - La meditación despeja el desorden en tu mente, pero para vivir una vida más simple, también necesitas despejar el desorden a tu alrededor. El desorden es una fuente importante de estrés y ansiedad. Cuando tu vida está libre de desorden, tu mente también lo está.

2. Simplificatu definición de éxito: si solo

te considerarías exitoso cuando te conviertas en multimillonario, nunca serás feliz. Haztu definición de éxito más realista y menos materialista.

3. Vive dentro de tus posibilidades: la meditación ayuda a controlar los deseos y las necesidades y te ayuda a vivir dentro de tus posibilidades. Si no vives dentro de tus posibilidades, tendrás deudas y puedes causar mucho estrés en tu vida. No te arruines tratando de impresionar a otras personas.

4. Internaliza el concepto de suficiente: la meditación te ayuda a sentirte más contento contigo mismo y con tu vida.

También puedes fortalecer esta habilidad aprendiendo el verdadero significado de "suficiente". No aspires demasiado a cosasquerealmente no necesites.

5. Perdonar: la meditación te ayuda a estar más abierto al perdón. Para hacer que tu vida sea más plena y menos complicada, debes dejar de lado todos los rencores que tienes en tu corazón. Recuerda que cuando perdonas, tu vida es más feliz y más plena.

6. Séde mente abierta: tu vida es más interesante y placentera si mantienes una mente abierta. Considera los puntos de vista y las opiniones de otras

personas porque tal vez tengan razón.

7. Aprende a delegar - No seas un fanático del control. Confía en otras personas para que hagan cosas por ti. Te hará la vida mucho más fácil.

8. Sonríe: ningún dolor o estrés es lo suficientemente poderoso como para resistir una sonrisa. Cuando aprendas a dejar de lado las pequeñas cosas y solo sonríes, tu vida se vuelve más simple y mejor.

Capítulo 8: Cómo aumentar la espiritualidad a través de la meditación y la atención plena para estar cerca de tu creador

Uno de los muchos beneficios de la meditación es el aumento de la espiritualidad. Cuando practicas regularmente la atención plena, la concentración y la meditación, te acercas más a lo Divino y al Creador.

Aquí hay una técnica de meditación que puedes hacer para intimar más con el creador:

1. Siéntate en una posición cómoda y cierra los ojos.
2. Respira hondo varias veces, inhala por la nariz y exhala por la boca.
3. Convoca al Creador diciendo una

pequeña oración de gratitud.
4. Di "Dios" mientras inhalas y exhalas. Si tu mente comienza a divagar, vuelve a concentrarte en la palabra "Dios". Hazesto,durante 10 a 15 minutos.
5. Cierratu sesión de meditación con una breve oración de gratitud.
6. Practicaesto diariamente.

Recuerda que la oración es una de las formas populares de meditación. Cuando rezas al Divino y al Creador, no uses un modelo y no pidas cosas. Asegúrate de que el tono de tu oración sea conversacional. Esta práctica te ayudará a estar más cerca del Poder Divino.

La atención plena es también otro tipo de

meditación que te acerca a lo Divino. Cuando practicas la atención plena y vives el momento, puedes notar cosas que has dado por sentado, como el aire que respiras, las hermosas flores de tu jardín y las otras cosas y personas con las que has sido bendecido. Cuando practicas la atención plena y vives el momento, a menudo te maravillas de lo maravilloso que es el creador y, como resultado, te acercas más a lo Divino.

Capítulo 9: Consejos para calmar la mente y disfrutar de vivir en el presente

Aparte de la meditación sentada habitual, hay otras formas y técnicas que pueden complementar tu práctica de meditación para ayudarte a aquietar tu mente y simplemente disfrutar el momento. Estos son algunos de los consejos sobre cómo tranquilizar tu mente y vivir el momento.

1. Practica la meditación caminando: la meditación caminando es una fusión de movimiento y meditación de atención plena. Cuando practicas la meditación caminando, te concentras en la respiración y en los pasos mientras disfrutas y aprecias la vista de vez en cuando. La meditación caminando es una manera muy efectiva de despejar

tu mente del parloteo y las preocupaciones. Te ayuda a vivir el momento.

2. Intenta intimar con tus pensamientos y déjalos saber. La mayoría de nosotros simplemente dejamos que nuestros pensamientos fluyan dentro y fuera de nuestro cerebro sin ni siquiera estar conscientes de ellos. Como resultado, tu mente está llena de preocupaciones y pensamientos destructivos. Ten en cuenta tus pensamientos. Reserva un momento de tu día en el que solo te sientes y te concentres en tu respiración y practica las técnicas básicas de atención plena que hemos analizado en los capítulos anteriores.

Reconoce cada pensamiento que ingrese a tu mente sin juzgar y luego vuelve a concentrarse en tu respiración.

3. Toma descansos mentales: todos los días, mientras estás en la oficina o en la escuela, tómate un tiempo para tranquilizar tu mente y dejar que esta se relaje y descanse. Tómate el tiempo para sentarte en tu escritorio sin hacer nada o dar un paseo rápido por el vecindario durante tu pausa para el café.

4. Deja de pensar: una de las técnicas más avanzadas para calmar la mente es vaciarla por completo. Esto significa que tienes que detener un

pensamiento antes de que entre en la mente. También significa que debes censurar tus pensamientos regularmente antes de que tus pensamientos te controlen. Esta técnica solo puede ser practicada por personas que han adquirido una fuerza mental superior a través de la práctica diaria de meditación.

No vivas como si estuvieras flotando por la vida. No te detengas en el pasado ni te preocupes demasiado por el futuro. Cuando aquietes tu mente, podrás disfrutar el momento.

Capítulo 10: Consejos para aumentar la positividad y la perspectiva general emocional y espiritual de la vida

Cuando tienes una perspectiva positiva en la vida, te vuelves más feliz y más contento. Cuando tienes una perspectiva más positiva en la vida, te conviertes en un rayo de sol para las personas que te conocen, y tu vida y tus relaciones generalmente son más ligeras, más felices y más satisfactorias. Aquí hay algunos consejos sobre cómo volverse más positivo, compasivo, emocionalmente solidario y más espiritual:

1. Observa la regla de oro: siempre trata a las demás personas de la forma en que deseas que te traten. Recuerda que

Dios está dentro de todos nosotros. Nuestros cuerpos son el templo de lo Divino, así que, hagas lo que hagas a tus semejantes, lo haces a tu Creador. Sé amable y comprensivo. Recuerda siempre que la mayoría de nosotros estamos peleando una batalla, así que sé considerado.

2.

Vive el momento: no pases tanto tiempo llorando sobre la leche derramada. Deja ir tus errores pasados y tus arrepentimientos. Es importante simplemente disfrutar del presente en el momento.

3. Se agradecido: la gratitud es una práctica muy poderosa que traerá tanta

felicidad a tu vida. Cuando te enfocas en tus bendiciones, te acercas más a Dios y es más fácil para ti adoptar una perspectiva más positiva.

4. Deja de compararte con los demás: todos luchan en diferentes batallas. Todos tenemos diferentes cruces que cargar, así que deja de comparar tu vida con la de otras personas. La comparación constante solo tecausaráinfelicidad y descontento.

5. Visualiza: cuando visualizas, te concentras en lo que quieres y no en lo que no quieres. Esto te ayudará a relajarte y sentirte bien. Además, esta actividad tiene un poder comprobado

para brindarte lo que quieras de la vida.

6. Ríete a menudo: mira películas divertidas o clips de YouTube, bromea con frecuencia y recuerda momentos divertidos. Cuando te ríes más, te vuelves más feliz y más positivo.

7. Tranquilidad, calma y positividad deben ser tu segunda naturaleza. Cuando practicas meditación y otras actividades que te ayuden a disfrutar el momento, definitivamente vivirás una vida mejor.

Conclusión

¡Gracias de nuevo por comprar este libro sobre meditación y otras técnicas para vivir una vida más simple y positiva!

Estoy sumamente emocionado de pasarte esta información, y estoy muy feliz de que ahora hayas leído y espero que puedas implementar estas estrategias en el futuro.

Espero que este libro haya sido capaz de ayudarte a comprender las técnicas de meditación básicas, intermedias y avanzadas y cómo aplicarlas en tu vida.

¡El siguiente paso es comenzar a utilizar esta información y, con suerte, vivir una vida más pacífica, más feliz y más satisfactoria!

¡No seas alguien que solo lea esta información y no la apliques, las estrategias en este libro solo te beneficiarán si las usas!

Si conoces a alguien más que pueda beneficiarse de la información que se presenta aquí, infórmale sobre este libro.

Finalmente, si disfrutaste de este libro y sientes que has agregado valor a tu vida de

alguna manera, tómate el tiempo para compartir tus pensamientos y publicar un comentario en Amazon. ¡Sería muy apreciado!
¡Gracias y buena suerte!

Parte 2

Introducción

¿El pensar en meditación conjura imágenes de hippies y fanáticos religiosos sentados de piernas cruzadas por horas, realizando cánticos extraños? Esa gente puede existir, pero la meditación no tiene porqué ser así. ¡También es para gente normal! Más y más gente se está dando cuenta de los efectos positivos que la meditación puede tener en su salud y humor, ya definitivamente no se ve como una actividad espiritual o de la nueva era. La gente alrededor del mundo, desde estrellas deportivas hasta CEOs de grandes negocios, están reconociendo los beneficios que trae la meditación para ellos y sus empleados. Y la neurociencia está respaldando varias de las afirmaciones sobre la meditación, desde sus efectos anti-edad hasta su habilidad para combatir el estrés.

La meditación ha existido por más de 5.000 años, así que bastante se ha probado. Ligada a varias de las más grandes religiones, particularmente las orientales como el Budismo y el Hinduismo, ha sido eje central en la búsqueda de respuestas sobre el propósito de la vida por parte de la gente. Aunque está ligada particularmente a estas religiones, hay elementos de la meditación inclusive en el Cristianismo y el Islamismo. En el oriente, la práctica de la meditación es más nueva, haciéndose popular a finales del Siglo XIX, al ser presentada en el Yoga por Swami Vivekananda, un monje Indio de religión Hindú que vino al Oeste para predicar sobre los Parlamentos de las Religiones. La explosión real ocurrió en los años 60s, cuando la meditación trascendental, enseñada por Maharishi Mahesh Yogi, fue tomada por personas como Los Beatles, quienes viajaron hacia India para estudiar con él. Esta vieja forma de buscar respuestas al significado de la vida y de expandir la mente personal se acopló bastante bien junto a la nueva cultura del individualismo, y proveyó una alternativa (o adición) a la búsqueda a través de las drogas.

Este enlace con una cultura "hippie" y de

drogas, hizo que la mayoría no aceptara la meditación, pero entre los años 80s y 90s esto cambió, en mayor parte por la influencia de Jon Kabatt-Zinn, un científico Americano que fusionó sus prácticas de meditación Budista con su trabajo sobre el estrés y la ansiedad. Esto llevó a que el común de las personas tomara la meditación en serio dentro del mundo científico. Los efectos de la meditación ahora se estudian a fondo, al punto de que la medicina convencional ahora la incorpora en programas de tratamiento para condiciones como ansiedad y depresión.

¿Qué es la Meditación?

¡Lo que parece una pregunta muy directa arroja muchas respuestas! La meditación se describe de manera variada como:
- Un estado de contemplación
- Un estado de concentración
- Un enfoque dentro de la mente vacía
- Un método de lograr un estado de iluminación
- Una práctica para obtener conciencia
- Concentración para aclarar la mente
- Una práctica espiritual para calmar la mente

Así que no es tan claro como probablemente pensabas. Sin embargo, muchos de nosotros tenemos el concepto de lo que queremos decir cuando hablamos de meditación, y tenemos ciertos resultados claros que esperamos lograr de la práctica de la meditación. En la actualidad, el énfasis en la meditación ha sido tanto para los beneficios físicos, como para los mentales y espirituales. Una de las razones de la confusión son los diferentes tipos de meditación que existen. Algunas prácticas ESTÁN destinadas a la concentración, calma y aclaración de la mente a través de la concentración en la respiración (también conocida como *Samatha*). Otras prácticas se concentran con estar "en el momento". Esto significa experimentar las circunstancias físicas y ambientales, y al mismo tiempo, mantener conciencia de tu mente y tus pensamientos. Esto te permite entenderlos mejor y ganar percepción y algo de control sobre ellos (*Vipassana*). A los últimos normalmente se les llama meditación de conciencia. Este libro contiene ambos tipos de técnicas de meditación, permitiéndote escoger la que te haga sentir más cómodo. En general, cualquier técnica que escojas te beneficiará en todas las áreas si continúas practicando.

Aprende a Disfrutar el Momento

Mucha gente hoy en día (y quizás siempre ha sido así) siente que su vida está completa, y de alguna manera, también vacía. Está llena de ocupaciones y estrés diario, con mucho de qué preocuparse. Y al mismo tiempo se siente vacía de la realización que deberíamos disfrutar en nuestras vidas. Pasa, momento a momento, pero cada momento solo pasa, y no se examina ni se disfruta. Y para muchos de nosotros, las partes que SI se examinan son las negativas, los tiemposdifíciles y los pensamientos tristes. Los momentos de felicidad potencial y satisfacción pasan desapercibidos. A través de la práctica de la meditación consciente, podrás aprender a vivir el momento y ver esas alegrías en tu vida. También puedes aprender a aceptar esos otros momentos y solo dejarlos pasar, en lugar de permanecer en ellos y permitirles manchar momentos futuros.

No voy a decirte que un par de semanas

de meditación van a traerte iluminación instantánea. La gente ha practicado meditación toda su vida (muchas vidas, si crees en la reencarnación) y no han llegado a este estado. Pero la meditación, practicada regularmente, te ayudará a mejorar tu forma de pensar y como te sientes. Uno de sus aspectos más importantes es hacerte consciente de ti mismo – demasiados de nosotros sabemos muy poco de lo que somos o como pensamos. No son tonterías de nueva era querer conocernos mejor. Al conocerte a ti mismo, puedes aprender como cambiarte, y asumo que, si estás leyendo esto, es porque no estás completamente satisfecho con quién eres, y quieres cambiar así sea un aspecto de eso.

Tomar Decisiones

Es verdad que no puedes evitar que te pasen cosas, sean buenas o malas. Las circunstancias son lo que son. Lo que si puedes hacer es escoger cómo reaccionar a estas cosas. Pero para hacer eso, necesitas tener algo de control sobre tus acciones. Y, por supuesto, las acciones son determinadas por los pensamientos, y por eso necesitas tener algo de control sobre tus pensamientos, y ahí es donde entra la meditación consciente. Una "meditación" que todos conocemos es contar hasta 10 cuando estamos molestos. Lo llamo meditación porque lo que hace es quitar la atención de la ira y ponerla en el conteo, y en ese momento nos da espacio para ajustar nuestros pensamientos y reacciones a esos pensamientos. En otras palabras, nos damos espacio y tiempo para tomar una decisión y escoger la manera de reaccionar.

¿Por qué Meditar?

La gente acude a la meditación por sus propias razones. Un hombre de negocios querrá reducir sus niveles de estrés de manera que pueda funcionar mejor. Una mujer con alguna enfermedad severa quizás quiera los beneficios físicos de la meditación. Un estudiante pudiera decidir que es la mejor manera para concentrarse y ser más efectivo al aprender, y una persona joven podría pensar que es una manera de conocerse mejor. Cada uno estaría en lo cierto. Tu motivo puede ser alguno de estos, o algo completamente diferente. Todos estos son ganancias que se pueden obtener a través del aprender a desarrollar una práctica constante de meditación. Cada una de las personas mencionadas también podrían sorprenderse de las ganancias extra que obtengan junto con lo que necesitaban en primer lugar. Aquellos interesados en los beneficios físicos de la meditación descubrirán que sus pensamientos son más claros, y que podrán concentrarse mejor en cosas positivas de sus vidas, manteniendo un sentido de perspectiva. Aquellos que acuden a la meditación como una manera de saber más sobre ellos mismos y a concentrarse, igual conseguirán los beneficios de un cuerpo sano. Al final, puedes reducirlo a la simple premisa de que ¡la meditación hace feliz a todos!

Conciencia

Ser consciente significa estar en el momento y aceptarlo sin juzgar. Al estar completamente consciente de tus pensamientos te vuelves capaz de cambiar el proceso de esos pensamientos y deshacerte de las viejas costumbres de la mente para quedar integrado en quién eres. Con la meditación consciente, permites que tus pensamientos pasen por tu mente mientras meditas, sin juzgar si son buenos o malos. Al hacer eso, empezarás a ver patrones en la forma en la que piensas sobre ciertas cosas, patrones que entonces podrás romper. Como dice arriba, la forma en la que piensas controla la realidad de tu vida: cada comportamiento empieza con un pensamiento, y al poder cambiar y controlar esos pensamientos podrás cambiar tu realidad. Posiblemente puedas pensar en instancias de tu vida donde al cambiar la forma de pensar sobre algo, podrías haber cambiado el resultado. A través de la meditación conscienteaprenderás a hacer eso. Los efectos de la meditación no solo ocurren cuando estás meditando; están ahí para ser llamados cuando los necesites - ya sea que tu misión sea la iluminación o solo la habilidad para "dejar de molestarte por pequeñeces".

Pensando en Pensar

Como humanos, no solo pensamos, también pensamos en como pensamos (el mundo científico lo llama metacognición o metaconocimiento). Al practicar la meditación consciente, entiendes no solo tus propios pensamientos, ¡sino también tus pensamientos acerca de esos pensamientos! Es complicado, así que este ejemplo puede ayudar:

Vas manejando por el camino cuando un coche te sobre pasa rápidamente. Tu primer pensamiento ("me está pasando un coche") puede seguir un poco más lejos; algo como: "Idiota en un carro bonito, está alardeando; pudo haber causado un accidente". Pero con el no-juicio que practicarás en meditación, lo verás de manera más objetiva. ¿Quizás lo llamaron del hospital, que alguien cercano a él ha tenido un accidente? o ¿Quizás estás manejando más lento de lo que el camino requiere?

Cualquiera que fuere tu primer pensamiento, en el espacio entre observar y juzgar, te has alejado de tu modo "molestarme y estresarme por ello", ¡lo que hará que tu día sea mucho mejor!

¿Cómo Funciona la Meditación?

La meditación es un medio para llevar a tu cuerpo y pensamientos a tu control pleno, en lugar de dejarlos "hacer lo suyo". Aunque la meditación trae un estado de relajación, es un más un estado de alerta que uno pasivo, algo parecido a la diferencia entre dormir y tomar una siesta. El estado de relajación que puedes lograr te permite estar consciente de tus pensamientos y sentimientos, y, por ende, te permita cambiar la forma en la que piensas las cosas, para mejor. Detrás de ese pensamiento, hay diferentes cambios físicos que trae la meditación, que permiten que todo eso ocurra.

Elasticidad Cerebral

Hasta hace relativamente poco, se pensaba que nuestro cerebro era bastante estático. Una vez "programado" pro el tiempo y experiencias tempranas, se quedaría así, según las formas antiguas de pensamiento. Pero investigaciones recientes de la neurociencia han demostrado que eso definitivamente es mentira - el cerebro es "plástico". Esto significa que puede cambiar en términos de su estructura física y las conexiones entre sus áreas. La práctica repetida de algo causa estos cambios, ya sea en actividades físicas o mentales. Es por esto por lo que usamos la frase "Si no lo usas, lo pierdes" con relación a envejecer - Usar partes de nuestro cerebro no solo las causa desarrollar, el NO usarlas significa que las conexiones se rompen y algunas estructuras inclusive se encojen o degeneran.

La meditación es un campo que se ha estudiadocon relación a esta elasticidad cerebral. Estudiar el cerebro de gente que ha meditado por muchos años ha demostrado que sus cerebros envejecen más lento que el de otras personas, con más conexiones entre ciertas áreas y másáreas que continúan activas. Un área del cerebro que influencia la memoria y el aprendizaje, el hipocampo, se hace más gruesa solo con algunas semanas de meditación, lo que ha demostrado llevar a una mejor memoria y concentración. Otra área del cerebro que está físicamente afectada por la meditación es la región que tiene que ver con la compasión y el pensar en otros. Investigaciones recientes han demostrado que solo con algunas semanas de entrenamiento de meditación, esta área cambia y la persona se vuelve más compasiva y altruista.

Otros Efectos Físicos

Así como esta elasticidad cerebral, la meditación también tiene otros efectos físicos en el cuerpo. Al inducir un estado de relajación, la meditación te lleva a un estado donde la respiración es lenta y relajada, lo que relaja el resto del sistema corporal. La hormona del estrés, cortisol, y la adrenalina disminuyen, reduciendo el ritmo cardiaco y la presión sanguínea, permitiendo que nuestra químicasanguínea vuelva a un estado saludable y sin estrés. Junto a esto, estudios demuestran que la parte del cerebro asociada con el estrés y la "respuesta pelea o corre", el cuerpo amigdalino, reduce su tamaño en gente que medita regularmente (otro ejemplo de elasticidad mental).

Beneficios Probados

Aunque la gente ha creído en los beneficios del a meditación por siglos, la investigación moderna continúa descubriendo aúnmás beneficios. Originalmente vinculados a la espiritualidad y la religión, los beneficios físicos y emocionales se han convertido en focos de investigación y desarrollo, como puedes ver arriba.

Los beneficios físicos probados incluyen:
- Disminución de la presión sanguínea
- Disminución de hormonas de estrés como el cortisol
- Demora en el envejecimiento del cerebro
- Incremento en el tamaño de las áreas creativas del cerebro

Junto con estos efectos físicos, vienen otros:
- Disminución de pensamientos negativos
- Incremento del enfoque y la concentración
- Sentimiento de bienestar
- Incremento en la compasión por los demás

¿Quién Se Puede Beneficiar de la Meditación?

La respuesta corta a esa pregunta es "casi

todo el mundo". Pero llevándolo un poco más profundo, particularmente hay ciertas condiciones y grupos de meditación que pueden ayudar:

Ansiedad

La meditación consciente te ayuda a ver tu antiguo proceso de pensamientos de una manera nueva, de forma que las cosas que te hacían sentir ansiedad, ya no lo hacen. Aprendes a controlar tus pensamientos y a aceptar las cosas como son, sin juzgarlas negativamente. Los cambios físicostambién te ayudan a responder con más sutileza a situaciones que provocan ansiedad.

EstrésCrónico

Si te sientes estresado y bajo presión por mucho tiempo, sea en tu trabajo o tu vida, la meditación puede ayudarte a dejar ir algo de ese estrés para sentirte en calma. Lo logra por los cambios físicos que causa en la habitación, y tambiénayudándote a cambiar la forma en la que ves tu vida.

Pensamiento Creativo

Si tu trabajo, o tu vida, depende de que seas creativo con tus ideas, la meditación ha demostrado ayudar al pensamiento creativo. Te ayuda a concentrarte por más tiempo, y parece estimular las partes del cerebro que trabajan con el pensamiento divergente.

Luchar Contra Adicciones

Las adicciones al tabaco, alcohol, comida, drogas - todas pueden ser combatidas con la meditación. Si tienes alguna de estas adicciones las "Meditaciones Rápidas" que se dan más adelante a veces pueden ser suficientes para ayudarte a sobrellevar un momento de ansias o deseo.

Déficit de Atención

Ya sea que te diagnosticaran con ADD o ADHD, o solo SABES que tu atención puede irse por los costados, la meditación es una herramienta útil para incrementar tus niveles y tiempos de concentración en una tarea.

Depresión

La meditación trae cambios en el cuerpo y el cerebro que pueden ayudar a combatir la depresión y mejorar el humor. Ha demostrado ser tan efectiva como la medicación para el tratamiento de la depresión leve y moderada, y sin ninguno de los efectos secundarios que vienen con el uso de medicamentos.

Aunque parece que todo el mundo puede beneficiarse de la meditación, hay algunas personas que pueden encontrar que les da tiempo y espacio para entrar en recuerdos o pensamientos traumáticos que son incomodos o les hacen sentir "peor" en lugar de mejor. Esto no significa que la meditación no sea apropiada para ellos, pero yo sugeriría que puede ser beneficioso buscar más ayuda de un terapeuta profesional al mismo tiempo. Otro grupo que debería usar la meditación con cuidado son aquellos que hayan tenido episodios de psicosis en algún momento de sus vidas.

Comenzando

Una de las grandes cosas acerca de la

meditación es que no necesitas nada para empezar - ¡Si quieres empezar en este momento, puedes (aunque mejor leer un poco más para obtener algunas técnicas)!

Encuentra el Momento

Una de las primeras preguntas que la gente hace es "¿Por cuánto tiempo debo meditar?" Para empezar, 5 minutos será suficiente, especialmente si no estás acostumbrado a sentarte en silencio. La frecuencia es más importante que la duración; ambos, por el beneficio que ganaras y por desarrollar el habito. Así que 5 minutos todos los días, TODOS los días, es mucho mejor que media hora un par de veces a la semana. El momento del día depende de tu horario. Algunas personas lo hacen al empezar la mañana, para empezar el día con bien pie. Otros prefieren en la tarde, para calmarse y reducir estrés. Es mejor no practicarla justo después de comer porque:

- Es más probable que te quedes dormido al estar lleno de comida
- Tus ruidos y sensaciones digestivas

harán que se dificulte la concentración
- Sentarse tranquilo y derecho con el estómago lleno no es muy cómodo

Pero en cualquier momento en que tengas un espacio regular o puedas crear uno, servirá. No tienes que estirar tu tiempo más que esos 5 minutos después de que has estado practicado por un tiempo, pero a medida que progresas y sientes los efectos, podrías decidir qué quieres.

Escoge un Espacio

Particularmente cuando empiezas, querrás un sitio con la menor cantidad de distracciones posible, y probablemente algún sitio donde no puedas ser interrumpido (o atrapado, si sientes que tienes que escabullirte). No lo compliques demasiado - utiliza lo que tienes al momento que escojas para meditar. Algunas personas prefieren estar afuera, "en contacto con la naturaleza", lo que suena como una buena idea. El problema es, sin embargo, que, si vives en un sitio con clima interesante, ¡puede que quieras cambiar los planes!

Para algunos, es importante tener un área que sea exclusivamente para la meditación. Puede que enciendan un incienso, o tengan flores frescas, o quizás unas estatuas u objetos religiosos. Todo está bien si tienes el espacio, pero nada es esencial.

Obviamente necesitarás un sitio cómodo para sentarte. Aunque es tentador sentarte de piernas cruzadas en el suelo y hacerlo "apropiadamente", a menos que seas bastante flexible, pronto estarás concentrándote en el dolor de tus articulaciones o tu trasero entumecido, así que una silla cómoda es una buena idea, una que sirva de apoyo para todo tu cuerpo y en la que te puedas sentar derecho. Existen herramientas especiales para meditación, pero otra vez, son buenas, pero no esenciales.

Personalmente prefiero que mis alrededores no estén muy abarrotados o desordenados, ya que daña mi concentración y ¡me recuerdan todo el trabajo que tengo que hacer! Pero como dije, empieza con lo que tienes - mejor meditar en un sitio no ideal a retrasarlo hasta encontrar el sitio perfecto. Eventualmente, cuando le agarres el ruedo, encontraras que es másfácil enfocar tu atención inclusive con sonidos y distracciones externas.

Prepárate

Lo más importante es estar cómodo, para que no te distraigas con nervios o achaques y dolores. Si puedes, usar ropa holgada, o al menos quítate los zapatos, cinturones y corbatas que te hagan sentir atrapado. Hay una tradición de limpiar el cuerpo antes de empezar, y aunque no es necesario, hace que la preparación sea mejor y separa tu tiempo de meditación del resto del día. Inclusive lavar tus manos y cara con agua fría te hará sentir que te estás preparando para tu práctica.

Al sentarte, tu columna debe estar erguida, con tu peso directo sobre tus isquiones. Podrás encontrar útil inclinar tu silla hacia adelante al colocar bloques debajo de las patas traseras. Si te quieres sentar en el piso, pero no puedes conseguir una posicióncómoda con las piernas cruzadas, solo pon tus piernas frente a ti, con un cojín o similar debajo de tus rodillas para prevenir tensión en tus piernas. Recostarte sobre algo también puede ayudar, solo recuerda la espalda recta. Coloca tus manos en tu regazo, pero no las cierres. ¿Estás sentado cómodamente? Bueno, ¡empecemos!

Técnicas de Meditación

Respiración

La meditación de respiración (*samatha*) es una de las mejores para novatos. Es tan sencilla como suena - te enfocas en tu aliento - pero eso no significa que sea fácil de hacer. El punto es, no es sobre perfección, so sobre mejorar como lo haces, así tu mente aprende a enfocarse solo en la tarea del momento, sin revolotear.

En tu espacio, siéntatecómodamente, como describí más arriba. Exhala, soltando la tensión de tus hombros mientras lo haces. No fuerces el aire hacia afuera o trates de mantener tus pulmones vacíos.

Ahora todo lo que vas a hacer es respirar con normalidad. Enfócate en tu aliento entrando y saliendo de tu cuerpo, siente la sensación que aparece en cada bocanada. No trates de controlar o forzar tu respiración - a medida que te relajas, gradualmente se hará más lenta, no tienes que pensar en hacerlo. Tu mente divagará, solo devuélvela a las sensaciones de tu respiración. Este es el inicio de la meditación. No vas a pelear con los pensamientos que tienes, solo ignóralos y deja que se vayan a medida que te concentras de nuevo en tu respiración. Cuando llegues al final de tu momento, respira profunda y lentamente mientras abres los ojos. No te levantes rápido, puede que te sientas mareado, e incluso si no lo sientes, ¡querrás conservar ese sentimiento de calma tanto como sea posible!

¿Te parece muy fácil? Cuando lo intentes, encontrarás que no lo es. Tan pronto tomes la primera bocanada de aire, empezaran a aparecer cosas en tu cabeza, cosas en las que no habías pensado - la ropa sucia que hay que lavar; lo que dijo tu jefe; la comezón en la suela de tu pie izquierdo. Déjalas ir a todas y vuelve tu concentración a tu respiración.

Con prácticas cortas y regulares, ya estarás obteniendo los beneficios de los que hablamos en el primer capítulo, y gradualmente aprenderás a obtener los beneficios mentales también. No te apresures en "progresar" a un tipo diferente de meditación, construye tu practica con esta, la másbásica de las técnicas primero. Después de todo, ¡respirar es la cosa más importante que puedas hacer por ti mismo!

Exploración Corporal

Aunque suene como un procedimiento médico, no lo es. Para hacer una exploración corporal, recuéstate en algún sitio cómodo en el piso, sobre una frazada gruesa. Recuéstate con las piernas levemente separadas y tus brazos relajados a tu lado. Cierra tus ojos y relaja tu respiración. Empezaras por los dedos de tus pies e iras subiendo por tu cuerpo hasta la parte superior de tu cabeza. Primero, concéntrate en tus pies y en cómo se sienten. Ténsalos, y luego concéntrate en relajarlos tanto como puedas, sintiendo como se suavizan y se "ponen pesados". Ahora, ve hacia tus pantorrillas, otra vez tensando y relajando, y sintiendo los cambios en ellas. Sube lentamente a través de cada área de tu cuerpo, trabajando en ambos lados del cuerpo a la vez (ambas rodillas tensadas y relajadas a la vez, etc.). En cada fase, asegúrate de no tensar un área que ya habías relajado. Durante el ejercicio, respira uniformemente. A algunas personas les gusta agregarle a esto al imaginar la tensión como una luz colorida. A medida que liberas la tensión, visualiza una luz colorida que se va a través de tu piel en el área, tomando la tensión consigo. Una vez "explorado" todo tu cuerpo, disfruta de la sensación en la forma que tu cuerpo relajado se derrite en el suelo, y respira suavemente por un momento. Levántate suavemente también - ¡el cambio de postura agregado a tu estado de relajación puede hacer que te marees un poco!

Visualización

Este se puede hacer parado o acostado. Cierra tus ojos e imagina un lugar muy seguro y placentero para ti. Es una cosa personal - para algunos será una tibia playa, para otros la cima de una colina. Quieres involucrar a la mayor cantidad de sentidos en tu visualización como te sea posible, así que algo en el exterior es tu mejor opción, con olores, sonidos y sensaciones en tu piel.

El punto es, tiene que ser en algún lugar donde puedas sentir calma, felicidad y relajación, porque vas a pasar un poco de tiempo ahí. Concéntrate totalmente en estar ahí, imaginando cada uno de los sentidos siendo estimulados. Siente el calor del sol en tu piel, y escucha las olas contra la costa (asumiendo que estas en una playa, obviamente). Sumérgete en la sensación de estar ahí, y deja que las distracciones y pensamientos pasen de largo, reemplazándolos con partes de tu mundo imaginario. Durante este proceso, mantente relajado y respira con normalidad, no te tenses en un esfuerzo por conjurar las imágenes.

Concentración de Objeto

Esta es la favorita de mucha gente. El objeto escogido para la concentración normalmente es la flama de una vela, pero algunas personas prefieren un objeto de la naturaleza, como una flor o una piedra, o una imagen que signifique mucho para ellos. Yo encuentro más efectiva la flama de una vela porque tiene un poco de movimiento, tiene destellos, así que es másfácil volver la atención a ella si la perdemos. Siéntate en tu pose preferida con el objeto a nivel de los ojos frente a ti, para evitar tensar tu cuello. Asegúrate que el objeto está en un espacio limpio sin distracciones al rededor que puedan llamar tu atención. Enfócate y concéntrate en el objeto, permitiendo todos los pensamientos de otras cosas atravesar tu mente sin enfocarte en ellos. Parpadea con naturalidad, no dañes tus ojos, permite que tu respiracióntambién sea natural.

Meditación con Mantra

Un mantra es una palabra o frase que se repite una y otra vez. El mantra más conocido para meditar es *"Om"*, un sonido sagrado y místico asociado con algunas religiones orientales, como el Budismo o Hinduismo. Pero tu mantra puede ser lo que quieras. Sugeriría que fuera algo corto y positivo - como "paz" o "amor". Corear el mantra funciona al permitirte controlar tu respiración, y enfocar tus pensamientos, y hay quienes también creen que la vibración que ocurre en el pecho y cuerdas vocales durante el canto tiene beneficios adicionales. Para practicar este tipo de meditación, siéntate en tu posiciónmáscómoda con los ojos cerrados. Empieza a "cantar" tu mantra de manera relajada y controlada. Concéntrate en el mantra y deja que los demás pensamientos desaparezcan. A medida que te relajas, podrás darte cuenta de que has dejado de cantar en voz alta, y eso está bien, significa que estás en unestado de relajación - asumiendo que tu concentración no se ha esfumado (sabrás cual ha pasado).

Meditación de Afirmación

Esta es similar a la meditación con mantra, en la que repites una frase como parte de tu meditación. Sin embargo, escoges una afirmación que sea relevante para ti. La mente no puede mantener dos pensamientos a la vez, asíque, al enfocarte en tu afirmación, estás alejando a los malos pensamientos que viven en tu cabeza. Una buena forma de empezar es escoger una afirmación que tenga que ver con tu meditación. Algunas buenas son:
- Exhalo estrés, inhalo calma
- Mi mente es libre
- Me siento en paz
- Mis pensamientos están callados

- Mi meditación es suficiente

También podrías afirmar lo que quieres de tu día. No seas demasiado especifico, es un humor general para el día que se avecina, no instrucciones específicas:

- Hoy escojo calma
- Me siento completo y saludable
- Mi vida es jubilosa hoy
- Siento compasión por otros
- Esta paz se quedará dentro de mi

Meditación en Movimiento

La meditación en movimiento se puede practicar muy fácilmente; ¡todo lo que necesitas es un lugar para caminar! Para muchas personas, estar rodeados de naturaleza, es una sensación calmante por sí misma, así que es ideal para ellos. Aunque obviamente tendrás que concentrarte en tus alrededores mientras caminas (¡no quieres tropezar con algo o alguien!, igual te vas a concentrar en ti, y en el proceso de caminar.

Empieza parándote quieto y sintiendo el contacto que tus pies tienen con el suelo, las partes de tus pies que están en contacto con tu calzado y entre ellos.

Calma tu respiración y luego empieza a caminar. Camina con normalidad, a un paso gentil. Con cada paso se consciente de cómo se sienten tus pies, y como los músculos de tus piernas se mueven. Siente las sensaciones que suben a tu cuerpo, la forma en la que las caderas se mueven y tus brazos se balancean. A medida que te concentras en todos estos, date cuenta de los pensamientos que vienen a tu mente, pero no los juzgues o permanezcas en ellos, solo permíteles pasar a través de tu mente, y mantén tu conciencia en tu caminar. Se consciente de tu postura, y de todas las áreas donde hay tensión en tu cuerpo, y permite que se relajen. Mantén tu mirada enfocada suavemente frente a ti; esta es una meditación de tu caminar, no de tus alrededores. Camina por 15 o 20 minutos, y luego, gentilmente, detente. Otra vez, concéntrate en la sensación del suelo bajo tus pies y los músculos alrededor de tu cuerpo, a medida que te paras en una posición balanceada, luego deja salir tu respiración y vuelve a la conciencia plena de tus alrededores.

Meditaciones de Minutos

Aunque estás construyendo tu practica regular de meditación, no tienes que mantenerlas en tu "tiempo oficial". Inclusive los más ocupados de nosotros tenemos momentos en el día que podemos usar para calmarnos, relajar nuestras mentes y ser consientes. Pueden ser usados como un botón de "reinicio" para un día que no está yendo bien. Las siguientes meditaciones pueden hacerse regularmente y agregaran valor a tu práctica.

Los Primeros Tres Bocados

Todos tenemos que comer, ¡hasta los más ocupados! Comer conscientemente es una manera de usar nuestra comida como meditación. También es genial si estás intentando mejorar tu alimentación o comer menos, ya que el ser consciente de lo que pones en tu boca te hace más propenso a tomar mejores decisiones. Pero seguido parece imposible comer toda la comida conscientemente, no ha tiempo. Así que este es un buen compromiso. Al enfocarte solo en los tres primeros bocados de una comida, permites que un poco de espacio entre en tu mente. Saborea cada bocado, los sabores y texturas. Se consciente de lo que hace tu cuerpo con cada bocado. Algunas personas deciden ser agradecidos por la comida, y ofrecen gracias mentales a todos los que la han preparado. Este pequeño espacio en cada comida te dará tiempo para calmar y enfocar tu mente.

El Café

Así como arriba, te vas a tomar el tiempo para enfocarte de verdad en los sabores y sensaciones de tu bebida caliente. Si es posible, encuentra un sitio silencioso donde sentarte y tomar tu café. Abraza la taza y siente el calor, imagina el calor esparciéndose por todo tu cuerpo. Da un sorbo y siente el calor esparciéndose por dentro de ti también. Enfócate en el aroma y el sabor mientras bebes, estimulando tantos sentidos como puedas.

Luz de Alto

En lugar de vez la luz de alto como una molestia que retrasa tu camino mientras manejas, agradece el descanso y la oportunidad de "trabajar" en ti. Quita tus manos de volante y descánsalas en tu regazo. Se consciente de tu respiración y puntos de tensión, y libera la tensión gentilmente. Se consciente de tus malos pensamientos también, y déjalos ir. Si estás trabajando con afirmaciones, tomate el momento para repetírtelas a ti mismo y recordártelas. Ahora deja tu aliento salir, agita tus manos y toma el control del volante de nuevo. ¡Estás en control otra vez!

Practicando Más

Una vez que establezcas una rutina con tu meditación, querrás expandirla con otras prácticas. Si quieres ver los aspectos más espirituales, hay muchas conexiones con religiones, especialmente el Budismo, que puedan ser de interés. También hay muchas practicas más físicas que incorporan la meditación como parte de ellas, y te nombraré algunas aquí.

Yoga

Podrás recordar que más temprano en el libro mencioné que la meditación fue introducida en el occidente junto con el yoga por Swmai Vivekananda. El Yoga es una disciplina mental y física, con meditación y respiración en cada práctica. La meditación se practica por separado en el yoga, en posición de sentado tradicional, pero otras poses activas también pueden usarse como medio de meditación. Como la meditación en movimiento, el movimiento del cuerpo en poses puede ser un área de enfoque y concentración completa y puede calmar y relajar la mente.

T'ai Chi

T'ai Chi, o por su nombre completo, T'ai Chi Ch'uan (que se traduce en "puño supremo dominante"), es un ejercicio de meditación de movimientos lentos que tiene sus raíces en las artes marciales Chinas y el Taoísmo. Practicada lentamente y en control, el ejercicio y las poses calman y enfocan la mente mientras fortalecen los músculos y desarrollan balance. Aunque técnicamente es un arte marcial, el método usual de practica no es considerado como tal, aunque se puede hacer a mucha más velocidad.

Qigong

El Qigong, o Chi Gong - dependiendo de quién escriba - se encuentra muy ligado al T'ai Chi. Este se puede traducir a algo así como "dominio de la energía vital". Algunas personas consideran el T'ai Chi simplemente como una forma diferente del Qigong. El qigong también posee movimientos lentos y precisos, pero la concentración suele ser mayor en la respiración y repetición de movimientos simples. Se toma como una práctica saludable más que como un arte marcial. De hecho, el qigong se incorpora dentro del plan nutricional nacional de China, y se practica en hospitales y escuelas. . Debido a esto, es probable que sea la forma de ejercicio y meditación más practicada en todo el mundo.

Meditaciones Guiadas

Como has visto hasta ahora, la meditación no es difícil, y desarrollar la practica simplemente se trata de esmerarte diariamente y tomarte tu tiempo. No necesitas más que un espacio limpio para sentarte para la mayoría de las meditaciones, ¡sin necesidad de gastar dinero! Algunas personas prefieren no trabajar por su cuenta de esta manera, y para ellos hay una variedad de formas en las que pueden practicar.

GuíasElectrónicas

Hay CD y videos disponibles que te guiaran a través de tu meditación. Estas involucran a alguien guiándote, a veces por medio de una visualización. Otras se concentran en un aspecto particular, por ejemplo, la reducción del estrés o ayudarte a dormir. Pueden ser una combinación de solo voz, o voz y música.

Música

A mucha gente le gusta la música para acompañar sus meditaciones, ya sea para "alejar" todo el sonido externo y las distracciones, o para concentrarse en ella. Algunas melodías son especialmente producidas para alterar las ondas del cerebro a una frecuencia más baja y relajarte más rápido.

Grupos de Meditación

Muchos sitios tendrán su grupo de meditación, donde la gente se junta a meditar. Algunos de estos son profanos, aunque otros pueden estar ligados a prácticas religiosas o espirituales. Meditar en grupo sirve para algunas personas, aunque otras encuentran que hay muchas distracciones o que no se sienten consientes de sí mismos.

Retiros

Si quieres sumergirte un poco más, un retiro puede ser la respuesta. Estos suelen ser bastante intensivos, y pueden ofrecer una combinación de sesiones de meditación y charlas, de forma estructurada, o inclusive puedes vivir como parte de la comunidad y tomar parte en sus sesiones de meditación diaria.

Conclusión

Espero que para este momento hayas encontrado tu razón para meditar, y alguna manera (o maneras) que te funcione.

Como sea que lo definas, la meditación es una manera efectiva de manejar el estrés de la vida cotidiana. Te da beneficios físicos como baja presión arterial, y beneficios mentales como pensamiento claro y memoria mejorada.

Mas que todo, la meditación es una manera de entender como piensas y reaccionas, y de cambiar esas reacciones a unas más positivas. Al hacer eso podrás tomar control sobre tus acciones y tus pensamientos. Eso debería ayudarte a mejorar como te sientes y como interactúas con otros en tu mundo. Eso solo puede ser bien, ¡espero!

La meditación es un viaje y no una meta. Probablemente no te despiertes una mañana y te des cuenta de que te has iluminado sobre todo en el mundo. Pero al desarrollar una práctica regular, estarás cada vez más lejos en ese camino.

Me gustaría tomar esta oportunidad

para agradecerte por descargar Meditación: Meditar por el Resto de Nosotros. Espero que tomes acción en algunos de los ejercicios provistos que han probado ayudar a aliviar el estrés, relajar y encontrar claridad de pensamiento.

Si disfrutaste este libro y te gustaría compartir un pensamiento positivo, podrías tomarte 30 segundos y dar tu recomendación en mi página de Amazon, puse un link debajo para tu conveniencia.

¡Aprecio inmensamente ver estas recomendaciones porque me ayuda a compartir mi arduo trabajo! Tus comentarios me permiten mejorar mis libros en cualquier manera posible. Otra vez, gracias, y te deseo lo mejor en tu viaje

Palabras Finales

Me gustaría aprovechar la oportunidad para agradecerte por descargar Meditación para el Resto de Nosotros y espero que tomes acción en los pasos provistos para darte más claridad, enfoque y paciencia.

Si disfrutaste este libro y te gustaría compartir un pensamiento positivo, podrías tomarte 30 segundos y dar tu recomendación en mi página de Amazon, puse un link debajo para tu conveniencia.

¡Aprecio inmensamente ver estas recomendaciones porque me ayuda a compartir mi arduo trabajo! Otra vez, gracias, y te deseo lo mejor en tu viaje

www.ingramcontent.com/pod-product-compliance
Lightning Source LLC
Chambersburg PA
CBHW071858070526
44583CB00016B/1739